AF347334

NOTICE SUR M. PHILIPPE GOELZER

OFFICIER D'ACADÉMIE. — NOTABLE COMMERÇANT
PREMIER VICE-PRÉSIDENT DES SAUVETEURS DE LA SEINE·
PRÉSIDENT D'HONNEUR D'UN GRAND NOMBRE DE SOCIÉTÉS DE
SAUVETEURS DE FRANCE
FONDATEUR DE L'IMPORTANTE FABRIQUE D'APPAREILS A GAZ
SISE A PARIS, RUE DE LA FAYETTE, 182

<hr>

PARIS

IMPRIMERIE MODERNE (WATTIER, DIRECTEUR)

61, RUE JEAN-JACQUES-ROUSSEAU, 61

1879

NOTICE SUR M. PHILIPPE GOELZER

Dans un élan de reconnaissance envers leur patron,
les ouvriers de la fabrique de M. Ph. Goelzer eurent
l'honneur d'adresser à M. le Ministre de l'Agriculture et
du Commerce, le 10 avril 1876, la lettre suivante :

« *A Monsieur le Ministre de l'agriculture et du commerce.*

Monsieur le Ministre,

« Nous soussignés, ouvriers de la fabrique d'appareils à gaz,
appartenant à M. Philippe Goelzer, 182, rue de Lafayette, à Paris,
avons l'honneur de solliciter la croix de la Légion d'honneur pour
le susdit M. Philippe Goelzer, notre patron, distinction dont nous
le croyons digne à tous égards, ainsi que vous pourrez vous
en convaincre par la lecture des motifs qui nous ont engagés à
faire cette solennelle démarche auprès de vous.

« Il y a vingt et un ans que M. Philippe Goelzer a fondé la maison
d'appareils à gaz, et, dès le principe, il a apporté une si juste
appréciation dans la fixation du prix de la main d'œuvre, que les
grèves se sont toujours arrêtées à la porte de ses ateliers, impuissantes à détacher un seul homme de la famille d'ouvriers
qu'il a su s'attacher par sa justice, son aménité, et surtout par
les dispositions intelligentes qu'il a prises dans la distribution du

travail, pour que chacun pût tirer le meilleur parti de son temps.

« En outre, c'est sous l'inspiration des sentiments d'humanité dont M. Philippe Goelzer est animé que nous avons formé une Société de secours mutuels, particulière à nos ateliers, et dans laquelle nous trouvons aux jours de maladie des secours plus efficaces que ceux qne distribuent ordinairement les Sociétés de ce genre.

« Pendant le siége, alors que les ateliers étaient fermés, M. Philippe Goelzer a conservé leur salaire aux plus nécessiteux d'entre nous; il a même soutenu la mère de l'un de nous, que le départ de son fils pour les bataillons de marche laissait sans aucune ressource.

« Enfin, pendant la période néfaste de la Commune, il a su s'imposer des sacrifices pour maintenir dans la voie du devoir ceux que le besoin aurait forcés de chercher dans les bataillons fédérés le salaire que le travail ne pouvait leur procurer.

« La démarche que nous faisons aujourd'hui, monsieur le Ministre, n'est de notre part que l'acquit d'une dette de reconnaissance, et la croix de la Légion d'honneur nous paraît être la seule rémunération possible des services que nous a rendus et que nous rend encore chaque jour M. Philippe Goelzer; c'est la récompense de toute une vie d'honneur et de dévouement que nous sollicitons de votre justice, pour l'homme sous les ordres duquel nous nous honorons de travailler.

« Dans l'espoir que vous entendrez et apprécierez notre humble requête, nous avons l'honneur de nous dire, avec le plus profond respect,

« Monsieur le Ministre, vos très-humbles et très-dévoués serviteurs. »

Suivent les signatures ainsi qu'un état des services rendus par M. Philippe Goelzer et des fonctions pour la plupart quasi-publiques dont-il a été investi:

M. Philippe Goelzer, né à Paris, le 5 février 1816, notable commerçant, administrateur de la Caissse d'épargne, a été membre de la commission d'armement en 1870 pour le 10ᵉ arrondissement, il est fondateur de la caisse des écoles du même arrondissement, vice-président de l'Institut des arts industriels, membre de la Société d'encouragement pour l'industrie nationale et de l'Académie nationale agricole, manufacturière et commerciale.

Nous le retrouverons tout à l'heure à la tête d'un grand nombre de Sociétés humanitaires, car sa bienfaisance est à la hauteur de ses autres qualités.

Au reste, la démarche que ses ouvriers ont faite plus haut en sa faveur est en quelque sorte subordonnée par le fait suivant, qui démontre combien sont notoires les qualités de M. Goelzer.

En 1875, à l'Exposition qui eut lieu cette année au Palais de l'Industrie, le jury spécial pour l'éclairage et le chauffage ayant voté un diplôme d'honneur en faveur de M. Goelzer et ayant vu écarter cette distinction par le jury de révision, chargea l'un de ses membres de réclamer l'exécution de sa décision et voici en quels termes cette réclamation fut faite :

« *Note pour Messieurs les Membres du Jury de révision.*

« Le Jury spécial du VIᵉ groupe, XXIIᵉ section — Eclairage et Chauffage — avait, à l'unanimité, statué qu'un diplôme d'honneur serait accordé à M. Ph. Goelzer.

« Cette décision fut infirmée par la réunion des Présidents des Jurys du VIᵉ groupe, qui réduisit la récompense à l'octroi d'une médaille d'or, ce qui fut sanctionné par la Commission supérieure du Jury, malgré l'instance du Jury spécial, qui déclarait dans son rapport que le diplôme d'honneur lui avait paru être la juste récompense de l'artiste, de l'industriel et du *patron*.

« Sans doute, la délivrance d'une médaille d'or peut paraître une récompense suffisante, eu égard à la valeur artistique et industrielle des appareils exposés par M. Goelzer qui, bien que trompé dans son attente, a eu le bon goût d'afficher immédiatement la distinction dont il était honoré; mais le Jury spécial avait visé plus haut, et la médaille d'or n'atteint pas le but qu'il s'était proposé.

« Ce que le Jury avait voulu, c'était surtout récompenser le *patron*, c'est-à-dire l'homme qui, après être sorti des rangs des ouvriers, avait su puiser dans son expérience cet esprit d'ordre, d'organisation et de justice qui préside à l'administration de sa maison, et qui lui a permis, dès le commencement de ses travaux, d'abaisser les prix de vente sans jamais avilir ceux de la main-d'œuvre; et cela est si vrai que les grèves se sont toujours arrêtées aux portes de ses ateliers, impuissantes à lui ravir un seul ouvrier, sans qu'il ait jamais eu besoin de descendre à une concession quelconque pour retenir son personnel.

« Le Jury connaissait toute la sollicitude de M. Ph. Goelzer pour ses collaborateurs; il savait qu'il n'avait jamais laissé passer une occasion de faire honorer de récompenses ceux qui lui en paraissaient le plus dignes; il savait aussi que pendant les périodes néfastes de 1870-71, il s'était imposé de lourds sacrifices pour soutenir les plus nécessiteux de ses ouvriers, et c'était le chef de cette famille industrielle qu'il avait voulu honorer d'un diplôme d'honneur, la plus haute récompense accordée. »

Si, par une décision quelconque, le Jury de révision peut aujourd'hui rétablir la distinction primitivement accordée par le Jury spécial, il rendra ainsi au vote de celui-ci toute sa portée, toute sa signification.

ÉMILE DURAND,

Membre du Jury spécial.

La lettre du 10 avril reçut de M. le Ministre la réponse suivante, adressée à M. Lavieuville, contre-maître de la maison Goelzer :

« Paris, le 22 avril 1876.

« Monsieur, j'ai reçu la pétition qui m'a été adressée par les ouvriers de la fabrique d'appareils à gaz de M. Philippe Goelzer,

à l'effet d'obtenir pour leur patron la croix de chevalier de la
Légion d'honneur.

« Je fais prendre bonne note, Monsieur, de cette requête, et
les titres de M. Goelzer seront de ma part, en temps opportun,
l'objet d'un sérieux examen, et je vous prie de vouloir bien en
donner, en mon nom, l'assurance aux signataires de la pétition
en question.

« Recevez, Monsieur, l'assurance de ma parfaite considération,

« Le Ministre de l'Agriculture et du Commerce.

« Pour le Ministre et par autorisation :

« *Le Conseiller d'État, Secrétaire général,*

« OZENNE. »

Cette réponse laissait le temps à M. Goelzer d'ajouter
d'autres titres à la manifestation de ses ouvriers.

Ainsi, le 28 mai 1876, la Société nationale d'encouragement au bien, décerna en séance solennelle une médaille d'honneur à M. Goelzer, avec cette mention :

« M. *Ph. Goelzer*, fabricant d'appareils à gaz à Paris, le
père de toute une famille d'ouvriers qui ont, sur son
conseil, créé entre eux une Société de secours mutuels ;
homme dévoué qui a su s'imposer des sacrifices pendant
les mauvais jours de 1870-71 pour les aider à se maintenir dans la voie du devoir ; organisateur intelligent
qui a toujours su éviter les grèves dans ses ateliers. »

Indépendamment de cette médaille d'honneur, il fut
décerné à M. Goelzer un prix du ministre de l'instruction
publique.

Mais voyant le temps s'écouler sans que la récompense
sollicitée fut accordée à leur patron, les ouvriers de

la maison Goelzer, adressèrent à M. le Ministre du commerce la lettre suivante :

« Paris, le 22 août 1878.

« *Monsieur le Ministre de l'agriculture et du commerce.*

« Monsieur le Ministre,

« Il y a un peu plus de deux années que les soussignés, ouvriers de la fabrique d'appareils à gaz de M. Ph. Goelzer, 182, rue de Lafayette, à Paris, eurent l'honneur de solliciter pour le susdit M. Philippe Goelzer, leur patron, la croix de chevalier de la Légion d'honneur, distinction dont ils le croient digne à tous égards.

« Votre Excellence eut la bonté de leur répondre, à la date du 22 avril 1876, qu'elle prenait bonne note de cette requête et que les titres de M. Goelzer seraient de sa part l'objet d'un sérieux examen.

« Les soussignés croient savoir que cet examen a eu lieu et que les résultats en ont été des plus favorables à leur patron, M. Goelzer.

« En conséquence, profitant de l'Exposition universelle qui a fait ressortir les mérites de leur patron, comme fabricant, ils ont l'honneur de venir rappeler leur requête à votre Excellence, et de vous prier avec instance d'octroyer à M. Ph. Goelzer, la distinction suprême qu'ils sollicitent pour lui ; ce sera le digne couronnement d'une vie industrielle sans tache et toute de dévouement envers les travailleurs dont il a su protéger les intérêts comme les siens propres.

« Dans l'attente d'une réponse favorable, ils ont l'honneur de se dire avec le plus profond respect, monsieur le Ministre, de Votre Excellence, les très-humbles et très-dévoués serviteurs. »

(Suivent les signatures.)

On lit au-dessous : « Les soussignés, en relations d'affaires avec la maison Goelzer depuis de longues années, se joignent aux ouvriers de ladite maison pour prier M. le Ministre de faire droit à leur demande. »

(*Suivent de nombreuses signatures.*)

Cette deuxième lettre reçut, le **31** août **1878**, une nouvelle réponse adressée, comme la précédente, à M. Lavieuville, chef d'atelier de la maison Goelzer; en voici les termes :

« Monsieur,

« Par la lettre que vous m'avez fait l'honneur de m'écrire le 22 août, de concert avec les ouvriers de la fabrique d'appareils à gaz de M. Philippe Goelzer, vous sollicitez de nouveau pour votre patron, à l'occasion de l'Exposition, la croix de la Légion d'honneur.

« Je n'ai pas perdu de vue, Monsieur, la candidature de M. Goelzer et je ne manquerai pas, vous pouvez en être certain, de me faire représenter votre demande en temps opportun.

« Recevez, Monsieur, l'assurance de ma parfaite considération,

« *Le Ministre de l'agriculture et du commerce,*

« Signé : Tisserenc de Bort. »

L'affaire en resta là.

Semblable démarche fut faite auprès du Ministre de l'intérieur, en faveur de M. Philippe Goelzer.

Nous avons dit que M. Philippe Goelzer joignait à ses qualités d'industriel distingué, celles tout aussi appréciables de philanthrope. Il est, en effet, membre de la phalange des Sauveteurs de la Seine depuis l'année **1864** il n'a pas tardé à être nommé administrateur de cette

Société; il en a été le trésorier; et, depuis 1878, il remplit les fonctions de premier Vice-Président.

Il a fondé, en 1867, un prix (médaille d'or) qui était distribuée annuellement par la Société. En 1878 il a transformé cette médaille d'or unique, en six médailles de vermeil, argent et bronze (deux de chaque), attribuées aux candidats, suivant leur mérite.

Il est, en outre, lauréat et président d'honneur de presque toutes les Sociétés de Sauveteurs de France.

On comprend que, jouissant d'une réputation aussi universelle parmi les Sociétés de Sauveteurs, et aussi justifiée, la Société des Sauveteurs de la Seine ait pensé à demander, pour lui, au gouvernement, le signe de l'honneur dont il s'est vraiment rendu digne.

Aussi, dans sa séance du 15 avril 1877, M. le duc de Fitz-James, alors président de la Société, proposa-t-il à l'assemblée de prendre l'initiative d'une demande pour M. Goelzer, tendant à obtenir la décoration de la Légion d'honneur, avec l'espoir de réussir comme il avait réussi l'année précédente avec M. Emmanuel, membre de la Société. Cette proposition fut accueillie avec enthousiasme, et la demande fut officiellement adressée à M. le Ministre de l'intérieur qui, le 14 août suivant, adressait à M. le duc de Fitz-James, la lettre suivante :

« Paris, 14 août 1877.

« Monsieur le Duc

« Vous avez bien voulu m'exprimer le désir de voir accorder « la décoration de la Légion d'honneur à M. Philippe Goelzer, ma-

« nufact:rier, administrateur de la Société de secours mutuels
« des Sauveteurs de la Seine.

« Je me suis empressé, monsieur le duc, de faire prendre note
« de votre démarche en faveur de M. Goelzer, et je vous prie
« de ne pas douter du soin avec lequel j'examinerai une candida-
« ture dont le succès vous intéresse.

« Agréez, monsieur le duc, l'assurance de ma haute considé-
« ration.

« Le Ministre de l'intérieur

« Signé : DE FOURTOU. »

A la séance du 3 septembre 1877, le président fît
connaître le résultat des démarches qu'il avait faites au
sujet du vœu émis par la Société tout entière, et il ajouta :

« Le moment n'est pas éloigné, mon cher collègue,
où vous recevrez la juste récompense d'une carrière si
honorablement remplie. M. le maréchal de Mac-Mahon
me l'a promis ; tout le monde applaudira à cette bonne
nouvelle que je suis heureux de faire connaître à cette
assemblée. Vous me comprenez tous, n'est-ce pas?
(Bravos, bravos.)

« Par votre travail et votre intelligence, vous êtes arrivé
à occuper une place des plus honorables dans l'industrie ;
vous n'avez jamais cessé, tout en travaillant au perfec-
tionnement de vos œuvres d'art, de vous occuper de
l'amélioration du sort de vos ouvriers, vos collaborateurs
distingués. Quand l'étoile de l'honneur brillera sur votre
poitrine, ce sera un hommage rendu à vos nombreux
services, à votre dévouement, au chef d'atelier. Le gouvernement récompensera en vous, le chrétien, le sauve-

teur, le travailleur infatigable et l'homme au cœur
élevé. »

Cette allocution allait si bien au cœur de l'assemblée
qu'elle fut couverte d'unanimes applaudissements.

Cependant le temps passait sans apporter d'autres so-
lutions !

M. le duc de Fitz-James adressa donc au Ministre de
l'intérieur, alors M. de Marcère, une lettre de rappel à
laquelle le ministre fit, le 8 février 1878, cette réponse:

« Paris, le 8 février 1878.

« Monsieur le Duc

« J'ai reçu la lettre que vous m'avez fait l'honneur de m'a-
« dresser, pour me rappeler votre désir de voir accorder la dé-
« coration de La légion d'honneur à M. Goelzer, administrateur
« et trésorier de la Société des Sauveteurs de la Seine.

« J'apprécie, monsieur le duc, les considérations que vous in-
« voquez en faveur de M. Goelzer, et j'aurais voulu, en accueillant
« dès aujourd'hui sa candidature, pouvoir donner à la Société
« placée sous votre haute direction, une nouvelle preuve de la
« bienveillance du gouvernement, malheureusement le petit
« nombre des croix attribuées au ministère de l'intérieur ne m'a
« pas permis d'en réserver une, en ce moment, pour la Société
« des Sauveteurs. Je m'empresse de vous en témoigner mes
« vifs regrets et de vous donner l'assurance que lorsqu'un autre
« travail de promotion aura lieu, je ne manquerai pas d'examiner
« les titres de M. Gœlzer avec le plus grand soin, et le sincère
« désir de pouvoir tenir compte de vos instances.

« Agréez, monsieur le duc, l'expression de mes sentiments
« de haute considération

« *Le Ministre de l'intérieur*

« Signé : DE MARCÈRE. »

Mal gré cette promesse, aucune décision ne fut prise, et, le 29 juillet 1878, à la séance annuelle de la Société, un membre titulaire, au nom d'un grand nombre de ses collègues, demanda à connaître les raisons pour lesquelles M. Goelzer père, candidat présenté par toute la Société, n'avait pas encore reçu la croix de la Légion d'honneur.

M. le duc de Fitz-James répondit qu'il regrettait, comme tous les sociétaires, que leur désir ne fut pas encore une réalité. « Il ne m'appartient pas, ajouta-t-il, de sonder les actes du gouvernement, et nous n'avons pas le droit de lui imposer nos désirs, même les mieux justifiés. J'avais tout lieu d'espérer, *comme je vous l'ai dit l'année dernière.* J'ai fait de nouvelles démarches auprès de M. le ministre de l'intérieur, je les continuerai, mais je le répète, je ne saurai rien dicter au gouvernement : *je ne désespère point encore d'un heureux résultat pour M. Philippe Goe!zer, qui a toutes nos sympathies,* etc., etc.

Depuis cette époque, le ministère fut changé, M. Grévy succéda au maréchal de Mac-Mahon et M. le duc de Fitz-James donna sa démission de président des Sauveteurs de la Seine.

M. Edmond Turquet, qui le remplaça, prit connaissance de la situation des choses à l'égard de M. Goelzer, et promit de faire le nécessaire pour assurer la réussite de cette ancienne candidature, qui a un caractère pour ainsi dire double, car elle repose d'un côté sur la manifestation faite par les ouvriers d'un manufacturier qui a su s'attirer l'affection de tous ses ouvriers, et de l'autre sur la sympathie et la reconnaissance d'une Société humanitaire qui ne voit que l'étoile de l'honneur pouvant récompenser son candidat de toutes les bonnes œuvres qu'il a semées et propagées dans sa longue carrière industrielle et philanthropique.

BIBLIOGRAPHIE

M. Philippe Goelzer, officier d'Académie, premier vice-président de la Société des Sauveteurs de la Seine, vient de publier un beau volume in-8° de 550 pages, sous le titre de : *Historique de la Société des Sauveteurs de la Seine.*

L'auteur qui se trouve mêlé, depuis fort longtemps, aux faits et gestes de cette Société, a été à même, mieux que personne, d'en suivre les efforts et les progrès; aussi n'a-t-il rien négligé pour rendre son travail intéressant; nous nous plaisons à reconnaître qu'il a parfaitement réussi.

Les récits contenus dans l'ouvrage que nous avons sous les yeux, sont une suite d'actes de dévouement qui doivent intéresser au plus haut point les véritables amis de l'humanité. La mise en lumière de tant d'abnégation est une œuvre des plus utiles, car on ne saurait jamais trop relever les grands et éternels sentiments qui poussent au bien et à l'accomplissement du devoir dans toutes ses directions.

M. Ph. Goelzer a noblement employé ses loisirs en les consacrant à une œuvre sociale et humanitaire dans toute la belle expression de ce mot. Cette œuvre si bien décrite est essentiellement moralisatrice et doit stimuler tous les cœurs vaillants et généreux à se ranger sous la bannière des Sauveteurs, ces véritables héros du dévouement et de l'abnégation.

L'ouvrage se vend au profit de la caisse des Sauveteurs, au secrétariat de la Société, 60, rue Monsieur-le-Prince, 3 fr. 75 et 4 fr. 50, par la poste.

Paris. — Imp. Moderne (Wattier, d^r), rue J.-J.-Rousseau, 61.

www.ingramcontent.com/pod-product-compliance
Lightning Source LLC
LaVergne TN
LVHW010828180726
843502LV00009B/3523